PETITE

BIBLIOTHÈQUE CHOISIE

MONSIEUR GUIGNOL

OU

CAMILLE ET GEORGES.

EN VENTE :

PETITE BIBLIOTHÈQUE CHOISIE

Choix d'ouvrages illustrés

POUR L'ÉDUCATION ET L'AMUSEMENT DES ENFANTS.

---

1. CONTES DES FÉES,	1 vol. in-18.
2. CHOIX DE FABLES,	1 vol. in-18.
3. CRIS DE PARIS,	1 vol. in-18.
4. PETITE HISTOIRE DE FRANCE,	1 vol. in-18.
5. LIVRE DES PETITES FILLES,	1 vol. in-18.
6. LIVRE DES PETITS GARÇONS,	1 vol. in-18.
7. PETIT BERQUIN DES ENFANTS,	1 vol. in-18.
8. ROBINSON SUISSE,	1 vol. in-18.
9 JEUX ET EXERCICES DES JEUNES GARÇONS,	1 vol. in-18.
10. PETITE GÉOGRAPHIE VIVANTE,	1 vol. in-18.
11. MONSIEUR GUIGNOL,	1 vol. in-18.

Tous ces volumes sont cartonnés avec une charmante couverture or et couleurs.

Prix de chaque ouvrage colorié : 1 fr. 75 c.
— — noir : 1 fr. 50 c.

Poissy. — Typographie ARBIEU.

MONSIEUR GUIGNOL

OU

CAMILLE ET GEORGES.

ÉDITION ILLUSTRÉE.

PARIS

A. COURCIER, LIBRAIRE-ÉDITEUR,

Rue Hautefeuille, 9.

MONSIEUR GUIGNOL

OU

CAMILLE ET GEORGES.

C'était par un beau dimanche de mai : le ciel était d'une sérénité admirable ; une brise légère tempérait les ardeurs de cette riante journée ; et Paris, paré de ses habits de fête, se disposait à aller respirer, en famille, l'air frais de ses promenades ou des bois qui l'enveloppent de toutes parts comme une verte et odorante ceinture. Midi venait de sonner à l'église Saint-Germain-des-Prés. Un joyeux rayon de soleil pénétrait par les fenêtres entr'ouvertes, à travers d'épais rideaux de mousseline blanche à fleurs, dans le salon de madame Delmas, riche et jeune veuve dont l'appartement, situé entre cour et jardin, occupait le premier étage d'un élégant hôtel de la rue de l'Université.

Madame Delmas, depuis que la mort jalouse l'avait privée d'un époux adoré, avait concentré toutes les affections de son âme sur le charmant enfant que Dieu qui, dans sa miséricordieuse bonté, n'avait pas voulu qu'elle restât seule avec sa douleur dans la vie, lui avait envoyé, comme un souvenir à la fois et comme une espérance. Mais cette excellente mère avait, en fait d'éducation, des principes très-arrêtés et très-sages, n'en déplaise à nos jeunes lecteurs. Elle savait que l'enfance est une cire molle qui se prête à prendre sous les doigts qui la pétrissent toutes les formes qu'il plaît de lui donner ; et elle voulait que son fils ne lui apparût jamais que sous la forme du beau et du bon. Elle ne se sentait aucun penchant pour les adorables faiblesses des *petites mamans*, dont l'indulgence excessive se change si souvent pour elles en une source d'amers regrets, lorsque, dans leurs enfants devenus grands, elles ne rencontrent, au lieu de l'idéal rêvé, que de méchants despotes sans reconnaissance, sans savoir, sans énergie pour le bien. Elle était d'autant plus sévère qu'elle était plus aimante ; juste et inflexible, elle s'entendait aussi bien à punir qu'à récompenser, sans toutefois jamais cesser d'être affectueuse et presque caressante même dans ses châtiments.

Georges, son fils, était un joli petit blondin de sept ans, frais comme une rose, éveillé comme un écureuil, joueur comme un jeune chat. Une mouche qui venait bourdonner à ses oreilles, un chien qui aboyait dans la rue, un orgue de Barbarie qui s'arrêtait sous ses croisées, suffisaient, à ses heures de travail, pour le jeter dans d'interminables distractions. Ses livres d'étude, et même ceux, pour lui beaucoup plus attrayants, où une instruction facile, une douce et pure morale se cachent sous l'agréable déguisement du conte, lui échappaient des mains ou cessaient d'attirer ses regards, lorsqu'il se prenait à songer au beau fusil que lui avait donné son oncle le colonel; au grand sabre qu'il traînait si bruyamment sur les dalles de la cour quand il jouait au soldat; à sa boîte de fantassins et de cavaliers qu'il se plaisait tant, les jours de pluie, à ranger en bataille sur le parquet de sa chambre, et surtout à sa lanterne magique, le plus aimé de tous ses joujoux. Si bien qu'à force de se laisser aller à ses rêves et de se complaire dans la pensée de ses jouets, il oubliait souvent, trop souvent, le cher espiègle! d'apprendre ses leçons et de faire ses devoirs. Mais alors la punition suivait immédiatement ou de très-près la faute. Ces jours-là, M. Georges (ainsi l'appelait sa mère quand elle était fâchée) allait se coucher plus tôt que de coutume, sans avoir reçu ses embrassements; et, le lendemain, il trouvait ses joujoux sous clef, et il était privé du plaisir d'accompagner sa mère, si elle faisait une visite ou une promenade; de jouer au cerceau dans les allées sablées du jardin, ou de courir après les papillons de toutes couleurs qui prenaient leurs ébats autour des fleurs nouvellement écloses. Son chagrin, son dépit, quand, par un beau soleil, il était condamné aux arrêts forcés dans sa chambre, au double devoir et à la double leçon, se comprennent trop bien pour qu'il soit nécessaire de les peindre. Mais il faut croire qu'il a commis une faute plus grave que d'habitude, et qu'un châtiment proportionné à la faute s'en est suivi; car il est là, dans un coin du salon, morne, abattu, silencieux lorsque sa mère le regarde, et colère comme un jeune chien qu'on tient à la chaîne, quand elle détourne de son visage triste et suppliant, ses yeux pleins d'une pitié qu'elle s'efforce de dissimuler.

Quel crime a donc commis M. Georges? Il a, dans un moment de coupable emportement, déchiré ses cahiers et dansé d'un pied mutin sur ses livres de classe un pas que ne lui a pas enseigné son maître de danse, le très-pacifique et très-révérencieux M. Belhomme. Et quelle peine lui a été infligée par sa mère pour qu'il se tienne dans cette attitude de mélancolie boudeuse devant ses livres qu'il ne lit pas, devant ses cahiers neufs où sa plume paresseuse et distraite n'a encore tracé, avec beaucoup d'efforts, que quelques mots à peine lisibles ! C'est ce que va nous apprendre, mes jeunes amis, le gracieux enfant qui, dans ce moment même, entre tout joyeux dans le salon.

Il a huit ans et s'appelle Camille. Sa taille est élancée et souple comme un bambou; son teint a l'incarnat velouté de la pêche. De grands yeux noirs, vifs et bien fendus, éclairent le gracieux ovale de son visage souriant et malin. Sur ses épaules tombent en boucles soyeuses des cheveux d'un noir d'ébène. Il est dans sa toilette des grands jours : cravate blanche, chemise de batiste fermée par deux petits boutons d'or, veste de casimir noir serrée à la taille, gilet et pantalon blancs, rien n'y manque. On se mirerait dans ses jolis petits souliers vernis à talons. Sa main agite un feutre gris à la Henri IV, léger comme la large plume de même couleur qui le décore

— Bonjour, bonjour, ma bonne petite tante, s'écrie-t-il, en courant les bras tendus vers madame Delmas.

— Bonjour, Camille, bonjour, mon mignon, répond madame Delmas en l'embrassant tendrement. Mais comme te voilà beau ! Voyons, que je t'admire !...

Et elle fait un pas en arrière pour le mieux regarder.

— Dame ! c'est que... vous savez bien...

— Oui, ton père m'a dit hier que tu avais été bien sage, que tu avais bien travaillé toute la semaine, et que, pour te récompenser... Mais où est-il donc ton père?

— Il va venir me prendre tout à l'heure ; il m'a conduit chez mon oncle le colonel, et il est resté à causer un petit moment avec lui. Tenez, voyez ce que m'a donné mon oncle...

Et il tire prestement de sa poche une petite pièce de monnaie blanche qu'il fait briller avec un sourire aux yeux de madame Delmas.

— Aimable enfant ! reprend celle-ci en l'embrassant de nouveau... Tiens, ajoute-t-elle, voilà aussi mon petit cadeau... Et elle lui met dans la main une pièce de monnaie pareille à celle qu'il lui a fait voir.

— Oh ! merci, petite tante, et que je vais donc m'amuser ! dit Camille bondissant comme un cabri... Mais où donc est mon cousin Georges !...

— Regarde, fit madame Delmas en se tournrnt vers son fils, qui, le visage caché dans ses mains, avait plus envie de pleurer que de rire.

— Ah !... dit Camille, qui comprit tout en le voyant assis, dans son costume de tous les jours, par ce beau dimanche, devant ses cahiers et ses livres.

— Maman !... je ne le ferai plus... murmura Georges.

— Ma bonne petite tante, pardonnez-lui pour l'amour de moi, repartit Camille avec un geste suppliant et câlin.

— Désespérée de te refuser, mon chéri, mais c'est impossible... réplique avec un soupir madame Delmas, qui sort de crainte de se laisser attendrir.

Et Georges alors de fondre en larmes, et Camille d'essayer de le consoler.

Il y eut un moment de silence.

Enfin Georges essuyant ses yeux :

— Et où vas-tu donc que tu as l'air si heureux ?

— Aux Champs-Élysées... avec papa... voir une pièce nouvelle...

— Une pièce nouvelle?

— Oui... au théâtre de Guignol, où nous avons tant ri la dernière fois... Et l'on dit que c'est joli, joli !... Tu sais, Henri et Paul, avec qui nous avons joué au ballon l'autre jour aux Tuileries... eh bien! ils sont allés avec leur mère jeudi dernier, et ils m'ont conté...

— Eh bien! Camille, interrompit une voix à la porte qui s'ouvrit tout à coup.

— Voilà, voilà, papa! s'écria l'enfant, qui, après avoir embrassé son cousin, disparut.

Georges se reprit à pleurer de plus belle.

Laissons-le à sa douleur en faisant des vœux pour qu'il se repente et prenne la ferme résolution d'être bien sage, bien laborieux et bien obéissant à l'avenir; et suivons Camille qui chemine tout joyeux à la main de son père, sur le trottoir de la rue de l'Université. Il a bientôt dépassé le *Palais-Bourbon*, où le calme a succédé à l'orage, et franchi la place de la *Concorde*, si belle avec ses huit statues colossales, ses trois magnifiques fontaines et son obélisque, vieux de trois mille ans. Son pied impatient foule déjà le sol poudreux et ombragé des Champs-Élysées, où se presse une multitude bariolée de tout sexe et de tout âge, et dont la chaussée, sillonnée dans toute son étendue de somptueux équipages et de brillants cavaliers, présente à l'œil ravi un spectacle plein d'animation et de variété. Chemin faisant, il salue du regard, du geste et de la voix, les gondoles et les navires aériens ainsi que les chevaux de bois qui, dans leurs rapides évolutions, emportent une foule d'enfants, heureux et gais comme lui et du beau soleil qui luit sur leurs têtes, et des gâteaux dans lesquels s'enfoncent avec un bonheur si charmant à voir leurs petites dents blanches de souris, et des applaudissements de leurs bonnes, et des sourires de leurs mères, dont leur joie innocente épanouit le visage et agite doucement le cœur.

Enfin, après s'être rafraîchi d'un verre de limonade et s'être approvisionné de macarons et de brioches, il touche d'un bond au terme si ardemment désiré de sa promenade. Guignol! Guignol! s'écrie-t-il avec un allégresse aussi vive que celle des compagnons de Christophe Colomb quand ils aperçurent l'île à laquelle ce grand navigateur donna le nom de San-Salvador; et après avoir, avec un bonjour amical, offert une moitié de gâteau au gros minet qui, les quatre pattes repliées sous sa blanche fourrure, dort d'un œil, rien que d'un œil, à l'un des coins de l'avant-scène, il vient d'un pas triomphant prendre place à côté de son père, sur l'un des siéges réservés au public payant, dans le demi-cercle que forme et que ferme une double corde enroulée de distance en distance, en bas et en haut, à des pieux grossiers enfoncés dans le sol, ou plutôt une haie d'ouvriers endimanchés et de soldats en quête d'un divertissement gratuit.

Mais... silence!... voici le rideau qui se lève.

Toute son âme est passée dans ses yeux et dans ses oreilles. Heureux Camille!

Paraît monseigneur Polichinelle!

Vous n'êtes pas, mes petits amis, sans connaître son pittoresque costume et sa physionomie traditionnelle : un grand tricorne tricolore, galonné d'argent, étend ses ailes démesurées au-dessus de sa face rubiconde et en lame de couteau, percée de deux petits yeux moqueurs surmontant un nez en bec de corbin, des lèvres minces, plissées par l'habitude du sarcasme, et un manton de galoche : un surtout orange, rouge et vert à bordure d'or, laissant passer un jabot et des manchettes de dentelle, couvre sa double bosse et tombe sur sa culotte bouffante de laine écarlate, d'où sortent, en manière de fuseaux, ses longues jambes grêles, serrées de bas blancs à coins de pourpre, et chaussées de sabots de même couleur, à talons hauts comme, au temps du grand roi, les souliers des marquis de l'Œil-de-Bœuf; et à bouts relevés et pointus, comme bien longtemps auparavant, les souliers *à la poulaine*, qui faisaient l'admiration de la cour de notre infortuné roi Charles VI, si cruellement éprouvé durant son long règne, par la folie, par son oncle Jean sans Peur le duc de Bourgogne, par les Anglais et par sa méchante femme, la belle Isabeau de Bavière.

Monseigneur Polichinelle, dont la timidité est le moindre défaut, vient sans façon s'asseoir sur le devant de la scène; et, les jambes croisées et pendantes, les bras respectueusement arrondis en demi-cercle, après un triple salut adressé à son auditoire, il remercie galamment, avec force lazzis, l'aimable société de ce qu'elle a bien voulu l'honorer de sa visite, ajoutant, de l'air le plus gracieux, qu'il espère bien que le charme du spectacle sans pareil dont elle va jouir, lui procurera bientôt l'avantage de lui offrir de nouveau l'hommage empressé de ses félicitations et de ses vœux; puis il disparaît, incliné jusqu'à terre, avec un cri perçant d'adieu, derrière la coulisse, et aussitôt un second rideau se lève.

PREMIER TABLEAU.

La scène représente une vaste et épaisse forêt. — Un vert sentier, bordé de bruyères roses et brodé de boutons d'or et de paquerettes blanches mouchetées de rouge, serpente à travers les sapins, les chênes et les ormes, dont les rameaux, fraternellement unis, s'arrondissent en dôme au-dessus de ses gracieux méandres. — Un homme se tient debout au milieu de ce sentier. Esquissons vite son portrait : ses cheveux, d'un blond fauve, se relèvent au-dessus de la nuque en une petite queue toujours en mouvement ; son regard est louche, son nez retroussé ; un sourire bête et méchant erre sur ses grosses lèvres, qui, en s'ouvrant, mettent à découvert de longues dents blanches ; une teinte blafarde est répandue sur tout son visage. C'est une de ces physionomies qu'on n'aime pas à rencontrer le soir, à la campagne, dans un chemin creux ou au milieu d'un bois. Du premier coup d'œil, on reconnaît que la vertu n'a pas élu domicile dans son âme aussi laide que sa figure. Un surtout de drap brun, une veste de futaine à carreaux, des brayes de flanelle olive, des bas noirs et des souliers ferrés, le tout menaçant ruine, composent son costume. Son nom est Verdurette... Mais le voilà qui ouvre la bouche pour parler... à qui ?... Aux oiseaux qui gazouillent autour de lui leurs plus douces chansons ?... Ah ! bien ! oui... aux nuages qui, chassés par la brise, déroulent au-dessus de sa tête, sur le bleu du ciel, leurs mille fantasques perspectives ? pas davantage... Au vent qui fouette sur ses tempes ses cheveux en désordre ? encore moins... Mais à qui donc ? Écoutez, vous allez le savoir...

SCÈNE PREMIÈRE.

VERDURETTE, *laissant tomber ses bras avec découragement.*

Mon pauvre Verdurette !... il faut convenir que tu es né sous une bien mauvaise étoile et que tu as été un grand sot de te passer la fantaisie de venir voir comment l'on se comporte dans ce vilain petit monde terraqué, puisqu'il était écrit là-haut que tu y ferais une si triste figure. Toujours esclave et jamais maître! toujours travailler pour manger...

UNE VOIX.

Et pour boire?...

VERDURETTE.

Hum!... Il me semblait avoir entendu parler..... (*Continuant après une pause.*) Toujours à la merci du premier venu qui me paie, pourvu que je lui obéisse comme un chien qui craint le bâton. (*D'une voix de fausset.*) « Verdurette! allons! debout, paresseux... voici le jour... mène mes moutons sur la montagne et veille à ce que le loup ne les mange pas... Verdurette, va sarcler mon champ... Verdurette, as-tu étrillé mon cheval?... Verdurette, charge ce sac sur tes épaules et porte-le au moulin... Depuis le 1er janvier jusqu'à la saint Sylvestre, voilà ma vie... si cela s'appelle vivre... Voyons, en bonne foi, est-ce là de la justice? Pourquoi ce baron de Rocabel possède-t-il plus de fermes, de bois et de champs qu'il n'y a de clous sous mes souliers, tandis que j'en suis réduit à envier le sort du Juif-Errant, qui lui, au moins, avait toujours cinq sous dans sa poche?... de quoi boire bouteille!... Pourquoi dort-il tout son somme sur la plume, quand j'ai à peine le temps de fermer les yeux sur la paille? pourquoi boit-il et mange-t-il tout son soûl quand j'ai si souvent à souffrir de la faim et de la soif?... de la soif surtout... j'ai toujours eu l'eau en horreur... Pourquoi se pavane-t-il sous de beaux habits, frais en été, chauds et douillets en hiver, quand je n'ai, moi, pour couvrir ma nudité en toute saison, que ces méchantes loques qui, malgré mes soins, les ingrates, menacent à chaque instant de m'abandonner? Pourquoi, enfin, commande-t-il quand je ne dois savoir qu'obéir? Est-ce qu'il est fait d'une autre pâte que moi? est-ce que je n'ai pas comme lui (*se tâtant*) des yeux pour voir, des oreilles pour entendre, un nez pour sentir, un palais pour goûter, des mains pour toucher, etc., etc., etc.?...

LA VOIX.

Mon pauvre Verdurette, si tu as des oreilles pour entendre, écoute bien et surtout retiens bien ce que je vais te dire : tout ce que Dieu fait est bien fait. Ce n'est pas sans raison qu'il a placé le roseau à côté du chêne, le roitelet auprès de l'aigle, le souriceau à côté du lion. La soumission à ses immuables décrets est, crois-moi, la voie la plus sûre pour arriver au bonheur.

VERDURETTE, *avec un geste d'étonnement.*

Que signifie?... ah ça!... est-ce que je dors? est-ce que je veille? Cette forêt est donc enchantée? Il y a donc quelqu'un de caché ici?... Voyons... (*Il regarde et cherche autour de lui.*) Personne? bah! on rêve, dit-on, quelquefois tout éveillé... J'aurai rêvé... (*Se remettant et continuant.*) Et dire que ce lourdeau de Serpolet, qui est arrivé avec moi du pays pour chercher ici fortune, n'ayant comme moi ni sou ni maille, et comme moi portant sur son épaule, au bout d'un bâton, tout son patrimoine, meubles et immeubles, se donne aujourd'hui des airs, le maroufle! d'avoir une ferme à lui, un amour de ferme! et avec cela, la plus gentille ménagère et le plus déluré petit gars qui soit à dix lieues à la ronde?

LA VOIX.

C'est que Serpolet est un homme aimant et craignant Dieu, qui connaît le prix du temps, ce trésor du pauvre... C'est qu'au lieu de passer comme toi des journées entières à envier le bonheur des autres ou à se griser au cabaret, il a, sur le fruit de ses sueurs, amassé sou à sou de quoi s'établir dans la ferme que lui a louée le baron de Rocabel.

VERDURETTE, *qui a écouté dans le plus grand silence et en donnant tous les signes de la plus vive surprise.*

Oh! pour cette fois, c'est trop fort... quel est ce mauvais plaisant... (*Cherchant de nouveau.*) S'il me tombe sous la main, gare à ses épaules... je lui apprendrai...

LA VOIX.

Que tu es un méchant vaurien et de plus un imbécile...

VERDURETTE, *avec un geste de colère.*

Insolent! te tairas-tu?

LA VOIX.

Quand tu auras fait la paix avec ta conscience...

VERDURETTE.

Conscience... conscience... qu'est cela? ni vu, ni connu... Je ne connais qu'une chose, moi, c'est que je suis las de porter la besace, et qu'il faut, coûte que coûte, qu'à mon tour je devienne riche; c'est que je veux de l'or, beaucoup d'or... C'est bon à dire... mais où le prendras-tu, cet or, mon pauvre Verdurette?... dans la bourse du prochain?... mauvais métier... depuis l'invention des gendarmes. Cependant... (*Réfléchissant et se frappant tout à coup le front.*) Une idée!... oui... non... si... Bah! qui ne risque rien, n'a rien... Et, d'ailleurs, il n'est pas aussi mauvais prince qu'on se plaît à le dire, le diable! ni si malin que je ne puisse peut-être lui jouer quelque bon tour de ma façon. Par Saint-Nicodème, mon glorieux patron, j'en ai encore plus d'un dans ma gibecière... Voler le diable !... mais ce serait pain bénit, et messieurs les gendarmes eux-mêmes... Voyons, je suis seul, personne ne me regarde... le lieu est propice... si je l'appelais?...

LA VOIX.

Verdurette ! Verdurette!... prends pitié de ton âme...

VERDURETTE.

Encore cette voix maudite !... Et qu'est-ce qu'elle chante?... Mon âme !... Je m'embarrasse bien de mon âme, bon voyage à mon âme, pourvu que mon corps soit en joie... pourvu que je puisse faire claquer mon fouet comme tant d'autres, dont l'insolent bonheur me met en rage... Allons ! le sort en est jeté ! Courage, Verdurette, et ne perds pas la carte, mon mignon... (*D'une voix étranglée, appelant.*) Monseigneur Sat... C'est drôle... on dirait qu'une main invisible me serre la gorge. (*Après avoir toussé et craché, d'une voix plus claire.*) Monseigneur Satan, je... impossible !... J'ai une fournaise dans le gosier... (*Après avoir toussé et craché de nouveau, faisant un violent effort, d'une voix stridente.*) Je... je t'appelle...

SCÈNE II.

VERDURETTE, *pâle et tremblant, appuyé contre un arbre ;* LE DIABLE, *vêtu en magicien, long bonnet pointu, robe noire traînante et bordée de rouge, sandales de maroquin écarlate, une baguette de coudrier à la main.*)

LE DIABLE, *apparaissant tout à coup.*

Tu m'appelles?... me voilà... Que veux-tu ?... Parle, et n'aie pas peur.

VERDURETTE, *troublé.*

De l'or!

LE DIABLE.

Beaucoup?

VERDURETTE, *s'enhardissant.*

De quoi m'installer dans la ferme de Serpolet et y mener joyeuse vie sans rien faire, avec des poulets, des canards, des oies, des dindons plein ma basse-cour, pour faire bombance, et des vins plein mon cellier, pour me rincer à discrétion le gosier, que j'ai toujours sec comme un four.

LE DIABLE.

Tu auras ce que tu me demandes.

VERDURETTE.

Oh! merci, Monseigneur, et ma reconnaissance...

LE DIABLE.

Et que veux-tu que j'en fasse? Me crois-tu assez niais pour me payer de cette monnaie-là? Je mets un autre prix à mes faveurs.

VERDURETTE.

Et quel prix, s'il vous plaît?

LE DIABLE.

Écoute... J'ai fait ce matin le recensement des âmes qui sont dans mon empire, et je me suis aperçu qu'il m'en manquait une. Comprends-tu?

VERDURETTE.

Non.

LE DIABLE.

Eh bien ! Il faut que cette âme qui s'est dérobée à mes lois soit remplacée aujourd'hui même, à minuit sonnant au plus tard, par une âme nouvelle.

VERDURETTE.

Et vous voudriez que ma pauvre âme...

LE DIABLE.

A moins que tu ne t'engages à m'en procurer une autre à l'heure dite......

VERDURETTE.

Mais où voulez-vous que j'aille la pêcher ?

LE DIABLE.

C'est ton affaire.

VERDURETTE.

Autant vaudrait me demander de prendre la lune avec mes dents.

LE DIABLE.

Tu refuses?... Adieu, et ne t'avise plus de me déranger, sinon... (*Le Diable fait quelques pas pour se retirer.*)

VERDURETTE, *courant après lui.*

Monseigneur ! Monseigneur !... pas si vite ; ne vous fâchez pas, et causons.

LE DIABLE, *se retournant et s'arrêtant.*

Assez causé... Finissons... est-ce convenu ?

VERDURETTE.

C'est votre dernier mot ?

LE DIABLE.

Oui.

VERDURETTE.

Eh bien ! va pour l'âme d'un autre... Car pour ce qui est de la mienne... pas si bête !...

LE DIABLE, *lui présentant un parchemin.*

Alors, signe...

VERDURETTE.

Comme vous y allez !... Je n'ai pas encore vu la couleur de votre or.

LE DIABLE, *lui remettant une bourse.*

C'est juste... Donnant, donnant. Tiens... Il y a dans cette bourse de quoi te procurer, et au delà, le bonheur que tu as rêvé; et quand elle sera vide, tu n'auras, pour la remplir de nouveau de belles pièces d'or bien luisantes et bien sonnantes, qu'à passer le petit pont qui est là-bas, à gauche, tu sais?...

VERDURETTE.

Le pont de votre majesté?... grand merci !... pour qu'il s'écroule sous moi, n'est-ce pas ?

LE DIABLE.

Es-tu si sot que d'ajouter foi à cette fable? Après tout, ça te regarde...

VERDURETTE.

Et quand j'aurai passé ce pont ?

LE DIABLE.

Tu apercevras une grosse pierre noire et moussue... un cyprès l'ombrage... tu la soulèveras, et dessous...

VERDURETTE.

Eh bien ?

LE DIABLE.

Tu trouveras un trésor comme jamais mortel n'en a possédé... De l'or à remuer à la pelle...

VERDURETTE.

Ah ! (*Après avoir réfléchi, à part.*) Quel trait de lumière? J'ai mon plan... (*Dansant et chantant devant le Diable qui se frotte les mains et le regarde avec un sourire ironique.*)

Non, non, vous n'aurez pas mon âme,
Ne vous déplaise, Monseigneur ;
À moi sa ferme ! à moi sa femme !
En un jour c'est trop de bonheur !

LE DIABLE.

Eh ! par l'enfer! mon brave, tu n'as que le bonheur que tu mérites... mais dépêchons, le temps presse... ton bras... (*Verdurette lui tend son bras auquel il fait une légère piqûre avec une longue épingle noire qu'il a détachée de sa robe.*) Signe maintenant... là. (*Il lui montre l'épingle et un parchemin. Verdurette hésite.*) Eh bien ! est-ce que la peur te reprend? Tu dansais et chantais si bien tout à l'heure. (*Verdurette signe en tremblant et cache son visage dans ses mains.*) C'est fait... souviens-toi de minuit. (*Il disparaît sous terre.*)

SCÈNE III.

VERDURETTE *seul, relevant lentement la tête.*

Parti ! déjà parti ! mais par où donc? Ah bah ! peu m'importe... (*Respirant longuement.*) Ouf ! ouf ! quelle suée ! (*Se *tâtant.*) Je n'ai pas un fil de sec... Et rien à boire... j'étouffe... j'étouffe... Voyons, remettons-nous. (*Il se laisse tomber sur l'herbe, où il demeure un instant en silence, les yeux à demi fermés. Se relevant d'un bond.*) Dormir!... ah bien ! oui... Et le pacte que je viens de signer!... Courons vite chez Serpolet et de là chez le baron de Rocabel.

SCÈNE IV.

VERDURETTE, LE BARON DE ROCABEL.

LE BARON DE ROCABEL (*Tricorne de feutre noir et habit vert à larges basques galonnées d'or, cravate blanche et jabot de dentelle, culotte bleu de ciel, bas écarlates, souliers à boucles d'argent*); *il entre sans être aperçu de Verdurette et lui frappe brusquement sur l'épaule.*

Bonjour, mons Verdurette.

VERDURETTE, *poussant un cri.*

Ah!...

ROCABEL.

Eh bien ! qu'est-ce qui te prend?

VERDURETTE, *se remettant peu à peu.*

Moi... rien... c'est que... (*S'efforçant de rire.*) Bonjour, bonjour, Monseigneur... Et cette noble santé?

ROCABEL.

Meilleure que la tienne, à ce que je vois... Mais sur quelle diable d'herbe as-tu donc marché ce matin, que ta figure...

VERDURETTE, *troublé.*

Ma figure?...

ROCABEL.

Est exactement de la même couleur que ta culotte... On te prendrait, vrai!... pour un Marocain...

VERDURETTE.

Toujours le mot pour rire, Monseigneur.

ROCABEL.

Et que diable! complotais-tu tout seul dans cette forêt?

VERDURETTE.

Moi... je vous attendais.

ROCABEL.

Tu m'attendais, dis-tu? (*A part.*) Aurait-il quelque mauvais dessein?... Sa figure me fait peur... Flattons-le... (*Haut.*) Et qui t'avait appris, mon bon, mon cher Verdurette, que je devais aujourd'hui passer par ce lieu solitaire?

VERDURETTE.

Mon petit doigt..

ROCABEL.

Ah ça!... il est donc sorcier, ton petit doigt?

VERDURETTE.

Vous voyez... Mais causons, puisque vous voilà, d'une affaire qui depuis longtemps me galoppe dans l'esprit comme un cheval qui a rompu son frein... (*Très-haut.*) Savez-vous bien une chose, monsieur de Rocabel?

ROCABEL, *à part.*

Où veut-il en venir?

VERDURETTE, *continuant.*

Non ?... Eh bien ! je vais vous l'apprendre... C'est que je suis las de traîner mes guêtres dans des chemins pleins d'orties ou de ronces... c'est que la misère me pèse.., c'est que je veux à mon tour jouir de la vie (*Avec un éclat de voix.*) et qu'il me faut...

ROCABEL, *effrayé, à part.*

C'en est fait de moi... Où fuir ? où me cacher ? (*Haut.*) Mon excellent, mon très-cher Verdurette...

VERDURETTE, *étonné, à part.*

C'est drôle comme il devient tendre... Si ça continue, il va tout à l'heure me sauter au cou. (*Haut.*) Votre Seigneurie m'a-t-elle compris ?

ROCABEL, *tremblant, à part.*

Que trop... j'en ai le frisson.

VERDURETTE.

Eh bien ?

ROCABEL, *avec un rire forcé.*

Tu veux m'effrayer... mais ça ne mord pas... Je te connais, beau masque... C'est égal, la farce est bonne, et pour te prouver que j'entends la plaisanterie, (*Il fouille dans sa poche et en retire une pièce de cinq francs qu'il présente à Verdurette.*) tiens, mon brave, voilà une belle pièce de cinq francs toute neuve pour boire bouteille à ma santé.

VERDURETTE, *avec dédain.*

Fi donc !... Pour qui me prenez-vous ?

ROCABEL, *étonné.*

Tu refuses ?

VERDURETTE, *prenant des airs superbes.*

De l'argent! de l'argent à moi! (*Il tire de sa poche la bourse pleine d'or que lui a donnée le diable et la montre à Rocabel.*) Regardez!

ROCABEL, *reculant avec surprise.*

Qu'ai-je vu!... cet or... Ah! malheureux!... et les gendarmes que j'ai aperçus, il n'y a qu'un instant, à l'entrée de la forêt...

VERDURETTE.

Les gendarmes!... mais vous avez donc perdu la tête... Tenez, baron, calmez-vous et priez avec moi pour l'âme de feu mon oncle Nicodème-Barnabé-Rigobert-Jéroboam Verdurette, trépassé de sa belle mort à Tampico de Tamaulipas, dans le Nouveau Monde.

ROCABEL.

Un oncle d'Amérique!

VERDURETTE.

Qui m'a institué son légataire universel par un testament en bonne et due forme revêtu de sa griffe.

ROCABEL.

Et moi qui croyais!...

VERDURETTE.

Merci de la bonne opinion... mais arrivons au fait. Il me faut la ferme de ce gueux de Serpolet.

ROCABEL, *étonné.*

Sa ferme!... Et son bail?

VERDURETTE.

Il ne tient qu'à vous de l'annuler.

ROCABEL.

Comment cela?

VERDURETTE.

Est-ce qu'il vous a payé?

ROCABEL.

Non... parce que la grêle et la gelée ont détruit sa récolte; mais Serpolet est un honnête homme, et je ne doute pas...

VERDURETTE.

Ta, ta, ta... mieux vaut tenir que courir. Combien louez-vous à ce va nu-pieds?

ROCABEL.

Huit cents francs... et c'est pour rien.

VERDURETTE.

C'est mon avis aussi... écoutez-moi bien... je vous donne douze cents francs.

ROCABEL.

Ah!.... c'est différent.

VERDURETTE.

Et de plus cinq cents francs d'épingles pour mademoiselle Stéphanie de Rocabel, votre adorable fille.

ROCABEL.

Cinq cents francs d'épingles!

VERDURETTE.

Et de plus cinq cents francs de pot-de-vin pour votre seigneurie...

ROCABEL.

Ah ! vous m'en direz tant...

VERDURETTE.

Que c'est affaire conclue, n'est-ce pas? (*Lui tendant la main.*) Touchez-là...

ROCABEL.

Il faudra donc mettre sur le grand chemin ce pauvre Serpolet avec sa femme et son petit Pierre...

VERDURETTE.

Le beau malheur !... un maroufle pareil qui n'a pas un sou vaillant, et qui se permet de trancher du fermier... Vite un huissier à ce drôle, et sommation de vider les lieux demain, à midi, faute de paiement.

ROCABEL.

Allons... je n'ai rien à refuser à un homme qui fait si bien les choses. C'est entendu... et je vais de ce pas chez maître Bonaventure, mon huissier... (*Il serre la main à Verdurette et s'éloigne.*)

VERDURETTE.

Enfoncé, Serpolet !... mais pendant que je bavarde, le temps marche, et l'âme que j'ai promise au diable pour sauver la mienne... (*Trois heures sonnent à l'église du village.*) Déjà trois heures ! vite à l'œuvre. (*Il sort en courant.*)

DEUXIÈME TABLEAU.

Le théâtre représente un intérieur de ferme pauvre, mais très-propre.

SCÈNE PREMIÈRE.

MADAME SERPOLET, *costume de paysanne ; elle est seule et tient à la main une quenouille qu'elle dépose en se levant sur une chaise.*

Trois heures!.. Serpolet ne peut tarder à rentrer, et il aura faim, et il sera bien fatigué, le cher homme! Pourvu qu'il ait réussi, au moins!... (*Essuyant une larme.*) Allons, Dieu est bon... ne nous désespérons pas à l'avance et occupons-nous du dîner...

SCÈNE II.

MADAME SERPOLET, VERDURETTE.

VERDURETTE, *entrant vivement.*

Mes compliments à madame Serpolet... toujours fraîche comme une rose, toujours jolie comme la reine des amours...

MADAME SERPOLET, *l'interrompant.*

Toujours galant, monsieur Verdurette... Mais qui vous amène?...

VERDURETTE.

Serpolet n'est pas là ?

MADAME SERPOLET.

Il est allé à la ville voisine chez son cousin le notaire.

VERDURETTE.

Ah ! je comprends... (*avec ironie.*) pour le prier de faire valoir ses chères petites économies, n'est-ce pas ?

MADAME SERPOLET.

Hélas ! non, pour lui demander de nous avancer un peu d'argent, car vous savez la grêle...

VERDURETTE.

En ce cas, course et peine perdues...

MADAME SERPOLET.

Qu'en savez-vous ?

VERDURETTE.

On ne prête qu'aux riches...

MADAME SERPOLET.

Mais un parent ?

VERDURETTE.

Excellente recommandation pour être plus vite mis à la porte...

MADAME SERPOLET.

Enfin, peut-être que le bon Dieu touchera son cœur.

VERDURETTE, *à part.*

Compte là-dessus et bois de l'eau. (*Haut.*) Savez-vous par quelle route doit revenir Serpolet ?

MADAME SERPOLET.

Par le moulin et l'avenue des Tilleuls.

VERDURETTE.

Je cours au-devant de lui, et si je ne le rencontre pas, dites-lui bien, je vous prie, que je l'attends le plus tôt possible sur la lisière de la forêt, vous savez, en face le petit pont.

MADAME SERPOLET.

Le pont du Diable, voulez-vous dire?

VERDURETTE.

C'est cela même... il faut absolument que je lui parle... il s'agit de son bonheur.

MADAME SERPOLET.

De son bonheur?

VERDURETTE.

Et du vôtre et de celui de votre Petit-Pierre... qu'il ne manque pas de venir... adieu. (*Il sort.*)

SCÈNE III.

MADAME SERPOLET, PETIT-PIERRE.

MADAME SERPOLET.

Quel est donc ce mystère? (*Après un moment de réflexion.*) Bah! quand je me casserais la tête à vouloir deviner..... Songeons plutôt au dîner. (*Appelant.*) Petit-Pierre!...

PETIT-PIERRE, *accourant.*

Voilà! voilà! maman.

MADAME SERPOLET.

Allume le feu. (*Petit-Pierre sort.*) Comment allons-nous faire si, comme j'en ai peur, Serpolet revient les mains vides et que M. de Rocabel...

PETIT-PIERRE, *rentrant.*

Le feu est allumé, maman.

MADAME SERPOLET.

C'est bien, mon mignon, mets le couvert à présent. (*Petit-Pierre sort.*) C'est singulier, j'ai beau vouloir ne pas y penser, ce que Verdurette m'a dit tout à l'heure... Que peut-il vouloir à mon Serpolet?

PETIT-PIERRE, *rentrant.*

Le couvert est mis, maman.

MADAME SERPOLET.

Viens, que je t'embrasse, mon chéri... Maintenant, va placer sur le feu le lard et les choux qui sont restés de notre dîner d'hier. (*Petit-Pierre sort.*) Comme il tarde à revenir... pourvu qu'il ne lui soit pas arrivé malheur... Ce pays est infesté de loups depuis quelque temps...

PETIT-PIERRE, *rentrant précipitamment.*

Maman, maman, notre chien Tom a mangé le lard et les choux.

MADAME SERPOLET, *avec colère.*

Le gueux! le monstre! (*S'adoucissant.*) Mais c'est ma faute aussi... quand on a un buffet, c'est pour s'en servir... Adieu le dîner de mon cher homme... une soupe au lait... le beau régal quand on vient de faire quatre lieues... C'est pourtant tout ce que j'ai à lui offrir... Enfin, quand je me désolerais... Petit-Pierre, fais bouillir tout de suite le lait que tu trouveras dans la terrine près de la cheminée et taille la soupe. (*Petit-Pierre sort de nouveau tristement.*) Avoir tant travaillé ! nous être imposé de si dures privations pour arriver à nous créer une petite aisance, et voir d'un coup tout notre bonheur détruit, toutes nos espérances renversées... Ah ! c'est affreux.

PETIT-PIERRE, *rentrant.*

Ah ! maman, si tu savais...

MADAME SERPOLET.

Quoi donc ?

PETIT-PIERRE.

Le lait...

MADAME SERPOLET.

Eh bien ?

PETIT-PIERRE.

Bibi !... le chat !...

MADAME SERPOLET.

Il serait possible ?...

PETIT-PIERRE.

Et ce brigand de Tom...

MADAME SERPOLET.

Mais achève donc.

PETIT-PIERRE.

Quand je suis arrivé.... plus rien dans la terrine.... sèche comme le creux de ma main. Ils avaient tout bu, et ils me regardaient tous deux en se léchant les babines comme pour me dire, les scélérats! qu'ils s'étaient bien régalés à nos dépens.

MADAME SERPOLET, *hors d'elle-même.*

Et tu n'as pas pris un bâton?

PETIT-PIERRE.

Oh! que si... mais ce voleur de Bibi a fait un bond sur l'armoire, où je ne puis l'atteindre, et ce mange-tout de Tom s'est donné de l'air par la porte de la cour qui était restée ouverte.

MADAME SERPOLET.

Bonté du ciel! que va dire Serpolet? C'était bien la peine d'allumer le feu et de mettre le couvert pour offrir à mon pauvre cher homme un morceau de pain tout sec.

PETIT-PIERRE.

Faut-il aller chez le boulanger, maman?

MADAME SERPOLET.

C'est inutile.

PETIT-PIERRE.

Et du pain?

MADAME SERPOLET.

Il y en a ici... à moins que Bibi et Tom...

PETIT-PIERRE.

Mais non... nous l'avons fini ce matin avec papa...

MADAME SERPOLET.

Ah! mon Dieu! que dis-tu?.... Pas même un morceau de pain!...

PETIT-PIERRE.

Je vais aller en chercher, maman.

MADAME SERPOLET.

Et de l'argent?

PETIT-PIERRE.

Je dirai au boulanger que papa lui paiera ça.

MADAME SERPOLET.

Le boulanger est un homme dur et sans pitié, qui, depuis notre malheur, nous a déclaré qu'il ne voulait plus nous faire crédit.

PETIT-PIERRE.

Qu'est-ce que c'est que ça, crédit, maman?

MADAME SERPOLET, *l'attirant à elle.*

Ah! quand tu seras homme, mon cher petiot, puisses-tu, pour ton compte, ne jamais l'apprendre.

PETIT-PIERRE.

C'est que je commence à avoir une drôle de faim, moi!

MADAME SERPOLET, *lui mettant la main sur la bouche.*

Tais-toi, tais-toi... tu me fends le cœur!

SCÈNE IV.

LES MÊMES, LE BARON DE ROCABEL.

LE BARON DE ROCABEL.

Je suis au regret de vous déranger, ma chère madame Serpolet.

MADAME SERPOLET, *vivement.*

C'est Dieu qui vous envoie!... vous aurez pitié...

LE BARON DE ROCABEL.

Je le voudrais de tout mon cœur, mais...

MADAME SERPOLET.

Mais... que venez-vous m'apprendre?...

LE BARON DE ROCABEL.

Rien que vous n'ayez dû prévoir depuis longtemps... C'est que, voyez-vous, les Rocabel ont toujours été, de père en fils, des hommes d'ordre, aimant les comptes en règle; et voilà bientôt trois mois que...

MADAME SERPOLET.

Vous savez que nous sommes d'honnêtes gens, et que plus tard...

LE BARON DE ROCABEL.

Vilain mot que *plus tard... Tout de suite* me plaît infiniment mieux, et je me vois forcé...

MADAME SERPOLET.

Forcé... dites-vous?

LE BARON DE ROCABEL.

De vous signifier que si demain, à midi précis, les quatre cents francs que vous me devez ne me sont pas comptés en argent sonnant, maître Bonaventure...

MADAME SERPOLET.

Votre huissier!

LE BARON DE ROCABEL.

Vous priera, conformément à mes instructions, et avec toute l'urbanité qui le caractérise, de vider les lieux et d'aller chercher domicile ailleurs...

MADAME SERPOLET.

Nous jeter sur la route avec nos pauvres meubles!

LE BARON DE ROCABEL.

Doucement.... sans vos meubles.... qui sont, en effet, bien pauvres pour me payer de ce que vous me devez, mais que je retiendrai néanmoins, faute de mieux, jusqu'à parfait acquittement de votre part.

MADAME SERPOLET.

Tant d'inhumanité!

LE BARON DE ROCABEL, *s'inclinant.*

Madame, je vous baise les mains. (*Il sort.*)

SCÈNE V.

MADAME SERPOLET, PETIT-PIERRE.

MADAME SERPOLET, *fondant en larmes.*

Sommes-nous assez malheureux ?

PETIT-PIERRE, *la tirant par sa robe.*

Ne pleure pas, maman, ne pleure pas... le bon Dieu viendra à notre secours... je le prierai tant !...

SCÈNE VI.

LES MÊMES, SERPOLET, *costume de paysan.*

SERPOLET, *poussant brusquement la porte.*

Bonjour femme, bonjour Petit-Pierre ! Eh quoi ? l'on ne m'embrasse pas ?... des larmes ?... que signifie ?

MADAME SERPOLET, *lui appuyant ses deux mains sur les épaules et cachant sa tête dans son sein.*

Ah ! mon pauvre Serpolet...

SERPOLET, *lui relevant la tête et la regardant.*

Eh bien ! quoi ? qu'est-il arrivé ?

MADAME SERPOLET.

Si ton cousin le notaire n'a pas eu compassion de nous...

SERPOLET.

Ah ! bien oui... compassion !... il m'a presque mis à la porte en me disant, le vieux dur-à-cuire, que les affaires n'allaient pas et qu'il était obligé d'emprunter lui-même.

MADAME SERPOLET, *avec désespoir.*

Alors nous n'avons plus qu'à nous attacher une pierre au cou et à aller nous jeter tous trois dans la rivière.

SERPOLET, *avec gravité.*

Femme, femme, point de blasphème..... Dieu te voit, Dieu t'entend... mais que s'est-il donc passé?

MADAME SERPOLET.

M. de Rocabel sort d'ici, et demain, à midi, maître Bonaventure, son huissier, nous renverra de notre pauvre maison nus comme des vers, si nous ne l'avons pas payé.

SERPOLET.

Ce n'est que cela ?

MADAME SERPOLET.

Comment, cette affreuse nouvelle?...

SERPOLET.

Bah! il y a loin d'ici à demain midi, et Dieu est grand! Puis après tout, j'ai de bons bras, la conscience nette comme de l'eau de roche, du cœur à l'ouvrage, et avec ça on ne meurt jamais de faim... assez sur ce chapitre... embrasse-moi, femme et dînons (*Madame Serpolet détourne la tête et ne bouge pas.*) Eh bien!... es-tu sourde ou es-tu morte?

PETIT-PIERRE.

C'est que, vois-tu, papa, maman n'ose pas te dire...

SERPOLET.

Quoi donc?

PETIT-PIERRE.

Que ce gueux de Tom et ce brigand de Bibi...

SERPOLET.

Eh bien?

PETIT-PIERRE.

Ont eu l'effronterie...

SERPOLET.

De manger notre dîner, peut-être?...

PETIT-PIERRE.

Ils n'en ont pas laissé seulement de quoi donner à souper à un moineau.

SERPOLET.

Voyez-vous ça, les scélérats?... Ah! Bibi! Ah! Tom!... c'est peu charitable ce que vous avez fait là... et si jamais vous recommencez... (*appelant*) Petit-Pierre... cours chez Verdurette et demande-lui s'il peut m'obliger de me céder la moitié d'un pain jusqu'à demain.

MADAME SERPOLET.

Verdurette n'est pas chez lui..... Est-ce que tu ne l'as pas rencontré?

SERPOLET.

Non.

MADAME SERPOLET.

Eh bien! il m'a chargé de te dire d'aller, dès que tu rentrerais, le trouver sur la lisière de la forêt, en face du pont du Diable.

SERPOLET, *étonné*.

Ce rendez-vous en face du pont du Diable?... que peut-il me vouloir?...

MADAME SERPOLET.

Il dit qu'il s'agit de notre bonheur à tous.

SERPOLET.

Si c'était vrai!... les voies de la providence sont souvent si mystérieuses! allons!... à bientôt, femme... à bientôt, Petit-Pierre... (*Il fait quelques pas pour sortir.*) Ah! j'oubliais... voilà de quoi patienter jusqu'à mon retour... (*Il leur donne à chacun une pomme et sort.*)

PETIT-PIERRE, *croquant sa pomme*.

Oh! c'est-il bon! c'est-il bon!

MADAME SERPOLET, *lui donnant sa pomme.*

Tiens, mon chéri, mange aussi celle-là.

PETIT-PIERRE, *la refusant.*

Non... pour toi, maman... je ne veux pas...

MADAME SERPOLET.

Je n'ai pas faim... tu me feras plaisir...

PETIT-PIERRE.

C'est bien vrai? (*Sa mère fait signe que oui.*) Eh bien donc?... (*La croquant.*) Oh! celle-là est encore meilleure que l'autre... Merci, merci, ma bonne petite mère.

SCÈNE VII.

LES MÊMES, GUSTAVE DE ROCABEL, *en habits de voyage; il pousse doucement la porte.*

GUSTAVE DE ROCABEL.

Pardonnez-moi, Madame, mais absent du pays depuis longues années, je me suis égaré dans la forêt, et je vous prierai...

MADAME SERPOLET.

Donnez-vous la peine d'entrer, Monsieur, et reposez-vous un moment.

GUSTAVE DE ROCABEL.

C'est trop de bonté... Il me tarde de surprendre et d'embrasser mon père et ma sœur.

MADAME SERPOLET.

Sans être trop curieuse... monsieur votre père se nomme?...

GUSTAVE DE ROCABEL.

Le baron de Rocabel. (*Mouvement de madame Serpolet.*) Vous le connaissez?...

MADAME SERPOLET.

Hélas! oui, Monsieur.

GUSTAVE DE ROCABEL.

Comme vous me dites cela d'un air triste?

MADAME SERPOLET, *pleurant.*

Ah! Monsieur, vous voyez une famille bien malheureuse.

GUSTAVE DE ROCABEL.

Et mon père serait pour quelque chose dans votre malheur?

MADAME SERPOLET, *sanglotant.*

Je n'aurais jamais cru ça de lui.

GUSTAVE DE ROCABEL.

Expliquez-vous.

MADAME SERPOLET, *éclatant en sanglots.*

Chassés, chassés comme des misérables...

GUSTAVE DE ROCABEL.

Par lui!... par mon père!...

MADAME SERPOLET.

Pour quatre cents francs que nous ne lui devrions pas, Dieu le sait, si la gelée et la grêle...

GUSTAVE DE ROCABEL, *avec intérêt.*

Calmez-vous, ma brave femme, je vais parler à mon père, et je ne doute pas...

MADAME SERPOLET, *qui ne l'écoute pas.*

Ah! c'est fini, je le sens, j'en mourrai de douleur et de honte... Traiter avec tant de rigueur, de cruauté, de pauvres gens qui n'ont jamais fait de mal à personne... des Serpolet!...

GUSTAVE DE ROCABEL, *vivement.*

Serpolet! avez-vous dit?

MADAME SERPOLET, *toujours pleurant.*

Oui, Monsieur, et vous pouvez demander...

GUSTAVE DE ROCABEL.

Il se pourrait... Vous seriez la femme de Serpolet?...

MADAME SERPOLET, *étonnée.*

Oui, mon bon Monsieur, et cet enfant...

GUSTAVE DE ROCABEL.

Est le fils de Serpolet... un gros joufflu... qui a le nez camard, les cheveux bruns, l'œil vif, le teint fleuri... une bonne et honnête figure, et avec cela des poings à abattre un bœuf d'un seul coup?...

MADAME SERPOLET.

Vous avez donc vu mon homme?

GUSTAVE DE ROCABEL.

Si j'ai vu Serpolet, bonté du ciel!... oh! oui, car si je suis encore de ce monde...

MADAME SERPOLET.

Que voulez-vous dire?

GUSTAVE DE ROCABEL.

Tenez, vous me pardonnerez, mais il faut que je vous embrasse... (*Il l'embrasse.*) Et maintenant, vive Dieu! plus de larmes, plus de craintes, madame Serpolet.

MADAME SERPOLET.

Je ne vous comprends pas.

GUSTAVE DE ROCABEL.

Écoutez-moi et vous allez me comprendre... Il y a de ça une heure... je traversais la forêt, cherchant mon chemin, car, je vous l'ai dit, j'ai quitté ce pays voilà bien des années... je venais de franchir le carrefour de *la Bataille,* lieu mal famé, où l'herbe est si drue et si haute, les ronces si épaisses, lorsque tout à coup, derrière un buisson, j'aperçois briller comme deux petites flammes rouges qui semblaient suivre tous mes mouvements. Plus surpris qu'effrayé, je m'approche pour me rendre compte de ce que pouvaient être ces deux flammes; je n'avais pas fait trois pas que le buisson s'agite et craque comme s'il eût été secoué par un vent d'orage, et qu'il en sort... Tenez, rien que d'y penser, je sens le frisson qui me gagne...

MADAME SERPOLET.

Quoi donc? vous me faites frémir...

GUSTAVE DE ROCABEL.

Un loup énorme.

MADAME SERPOLET ET PETIT-PIERRE, *avec un cri d'effroi.*

Ah!

GUSTAVE DE ROCABEL, *continuant.*

Oui... le poil hérissé, la gueule béante, dardant sur moi ses deux yeux de feu, vient d'un bond se placer à vingt pieds de distance de moi, en travers de l'étroit sentier où je me trouvais... Je ne suis pas plus lâche qu'un autre, et cependant je sentis mes jambes se dérober sur moi. Sans un arbre qui était là et contre lequel je m'appuyai, je serais tombé; une sueur glacée inondait mon visage et mon cœur avait cessé de battre... Je crus ma dernière heure arrivée. Fuir! pouvais-je y songer? essayer de me défendre, pouvais-je y songer davantage? j'étais paralysé par l'épouvante, harassé de fatigue et sans armes. Je recommandai mon âme à Dieu, et, l'œil toujours fixé sur mon horrible ennemi, qui semblait jouir de mon effroi et déjà me dévorait en espérance, immobile, j'attendis. Le monstre, qui sans doute avait compris qu'il me manquait jusqu'à la pensée de lui résister, se leva, s'avança lentement vers moi, poussa un cri rauque et étouffé, comme s'il eût craint d'éveiller les échos de la forêt, et se balançant sur ses pattes pour prendre son élan...

MADAME SERPOLET, *cachant ses yeux dans ses mains avec une exclamation d'épouvante.*

Ah!

PETIT-PIERRE, *se cachant dans sa robe.*

Maman, maman, j'ai peur...

GUSTAVE DE ROCABEL, *continuant.*

Un cri terrible s'échappa du fond de ma poitrine et mes yeux se fermèrent. Une voix formidable répondit aussitôt à quelques pas de distance : voilà! voilà! et j'entendis en même temps comme un bruit d'herbes et de feuilles sèches froissées par un pied rapide, de branches ployées ou brisées. Le loup s'était arrêté, incertain... « Ah? je te rencontre donc enfin, brigand, qui m'as mangé mon dernier mouton » dit une minute après, presqu'à mon oreille, la même voix qui me fit tressaillir. Je rouvris les yeux... Un homme était devant moi, brandissant au-dessus de la tête du loup surpris un énorme bâton qu'il venait de couper dans la forêt. Blessé, le monstre devint furieux, et alors, entre cet homme et lui, s'engagea une lutte effroyable qui ne pouvait se terminer que par la mort de l'un ou de l'autre... Enfin le loup, la tête fracassée, tomba pour ne plus se relever... « Ton nom, ton nom, brave homme, m'écriai-je, le visage inondé de larmes de reconnaissance et de joie, en me jetant dans les bras de mon libérateur qui, par miracle, n'avait aucune blessure...» « C'est bon, c'est bon, dit-il en se dégageant de mon étreinte, il n'y a que Dieu qui ait besoin de le savoir... » J'aurais toujours ignoré peut-être le nom du mortel généreux à qui je dois la vie, si un homme n'eût soudain apparu à l'entrée du carrefour de la *Bataille*, agitant un mouchoir et criant à tue-tête : « Serpolet!

Serpolet! mais arrive donc, paresseux. » « Serpolet! m'écriai-je mon tour, que ton nom soit béni, et si une partie de ma fortune... » Mais il ne m'entendait plus; il avait pris sa course et bientôt je le perdis de vue. Comprenez-vous maintenant, Madame, pourquoi je vous ai dit : plus de craintes, plus de larmes!...

MADAME SERPOLET, *joignant les mains et tombant à genoux.*

Pardonnez-moi, mon Dieu, d'avoir douté de votre bonté.

PETIT-PIERRE.

Hein! maman... quand je te disais... le bon Dieu... (*Avec orgueil.*) J'ai tout de même un crâne papa...

GUSTAVE DE ROCABEL, *lui offrant son bras.*

Venez, Madame, viens mon enfant, suivez-moi au château de mon père, et que le bonheur soit avec vous en y allant comme il sera avec vous quand vous en reviendrez. Cette ferme est à moi, je vous la donne... la grêle et la gelée ont détruit votre dernière récolte... voici (*lui remettant une bourse pleine d'or*) de quoi attendre la récolte prochaine... Venez.

MADAME SERPOLET.

Et mon Serpolet qui ne sait rien... Oh! mon Dieu, que je voudrais donc bien pouvoir l'embrasser et lui dire...

GUSTAVE DE ROCABEL.

Partons, nous reviendrons tous ensemble ce soir jouir de sa surprise et de son bonheur.

MADAME SERPOLET.

Oh! que vous êtes bon, Monsieur, et comment jamais pourrons-nous reconnaître.

GUSTAVE DE ROCABEL.

De la reconnaissance, à moi!... Ah! quoi que je fasse, je serai toujours votre obligé. (*Ils sortent.*)

TROISIÈME TABLEAU.

Le théâtre représente un site sauvage ; au fond, on aperçoit le pont du Diable.

SCÈNE PREMIÈRE.

VERDURETTE, SERPOLET.

VERDURETTE.

Te voilà donc enfin !

SERPOLET.

Oui. Qu'y a-t-il pour ton service ?

VERDURETTE.

C'est moins de moi que de toi qu'il s'agit.

SERPOLET.

Tu m'étonnes.... tant d'empressement...

VERDURETTE.

Trève aux compliments... veux-tu devenir riche?

SERPOLET.

Riche?... je n'y tiens guères.

VERDURETTE.

Comment?

SERPOLET.

Mais, en revanche, je tiendrais beaucoup, si c'était possible, à renouveler bail avec l'honnête médiocrité dont je jouissais il y a quelques mois et qui suffisait à mon bonheur.

VERDURETTE.

Rien de plus facile.

SERPOLET.

Pas de mauvaise plaisanterie.

VERDURETTE.

Je ne plaisante pas... écoute... Connais-tu bien l'histoire du pont du diable... de ce pont qui est là devant nous.

SERPOLET.

Dame ! comme tout le monde.

VERDURETTE.

Tu ne la connais pas alors, et je vais te la dire.

SERPOLET.

Grand merci ! si c'est pour me faire un conte que tu m'as dérangé...

VERDURETTE.

Un conte qui est une histoire dont le dénouement sera, si tu veux, ton bonheur, le mien et celui de beaucoup d'autres.

SERPOLET.

Quelle antienne me chantes-tu là ?

VERDURETTE.

Je ne te demande qu'un moment d'attention.

SERPOLET.

Allons ! pars du pied gauche et pas accéléré, en avant... marche !

VERDURETTE, *à part.*

Diable d'homme, va !... Pourvu qu'il avale la pilule !

SERPOLET, *avec impatience.*

Eh bien ?

VERDURETTE.

Laisse-moi donc prendre haleine.

SERPOLET.

Dépêche...

VERDURETTE.

J'y suis..., tu te rappelles, quoiqu'il y ait de ça bien longtemps... que les gens du pays avaient plusieurs fois essayé de jeter un pont sur le torrent dont nous entendons d'ici le fracas, et que toujours le torrent avait emporté dans ses ondes écumantes leur œuvre inachevée, si bien qu'ils avaient fini par renoncer à une entreprise dont l'exécution était unanimement reconnue impossible.

SERPOLET.

Oui.

VERDURETTE.

Tu te rappelles aussi qu'un jour des ouvriers venus l'on ne sait d'où et payés l'on ne sait par qui, car ils étaient plus discrets que les pierres et les poutres taillées et équarries par leurs mains, se mirent bravement à l'ouvrage, et qu'un mois après le beau pont que nous voyons d'ici s'élevait sur le torrent à la satisfaction générale.

SERPOLET.

Parfaitement.

VERDURETTE.

Satisfaction qui, le lendemain, se changea en désolation et en épouvante, lorsque le premier qui voulut s'y aventurer aperçut en gros caractères couleur de sang sur un écriteau cloué à un poteau, ces mots : *Pont du Diable ! mort à qui passera sur ce pont !*

SERPOLET.

Parbleu ! puisque l'écriteau y est encore.

VERDURETTE.

Tu as souvenance aussi sans doute qu'à cette époque habitait, près de la *grotte aux Serpents*, dans une vieille carcasse de château en ruine, un homme d'une cinquantaine d'années, jaune, sec et ridé comme un parchemin, à la chevelure de filasse, au nez crochu, à l'œil de faucon, toujours vêtu de noir, qui ne parlait à personne, que personne n'avait jamais vu sourire et qui passait pour posséder d'immenses richesses mystérieusement acquises et si bien enfouies par le vieux ladre, que chacun se demandait de quoi il vivait avec les quatre monstrueux boules-dogues qui lui servaient de gardes du corps, et la chouette familière et le chat rouge qui composaient son unique société.

SERPOLET.

Je crois bien... Qui ne se souvient du père Sabbat... ton oncle, si j'ai bonne mémoire...

VERDURETTE, *à part.*

Bravo, bravo, Verdurette !... Comme il mord à l'hameçon, le cher homme ! (*Haut.*) Et tu n'as pas oublié non plus que dans la nuit qui suivit l'achèvement du pont, mon très-cher et très-honoré oncle disparut du pays sans tambour ni trompette, et sans que jamais on ait su depuis ce qu'il était devenu.

SERPOLET.

Non certes... sa disparition subite fit assez de bruit dans le temps pour que j'en aie gardé souvenir.

VERDURETTE.

Très-bien... devines-tu maintenant aux frais de qui et par les soins de qui fut construit le pont?

SERPOLET.

Pas le moins du monde.

VERDURETTE.

Eh ! à ses frais et par ses soins, parbleu !... Mon digne oncle avait plus d'un gros péché de jeunesse, qui sait? peut-être même plus d'un crime sur la conscience; et ayant eu vent que la justice pourrait bien ne pas tarder à le mettre sous clef, il se hâta de faire venir, à prix d'or, de la ville voisine les ouvriers les plus habiles qu'il pût trouver, et...

SERPOLET.

Le pont fut construit... Mais dans quel but?.... je ne comprends pas...

VERDURETTE.

Dans le but d'enfouir de l'autre côté du pont, ce qu'il a fait, en un lieu où personne ne s'aviserait d'aller les chercher, afin de venir un jour les y reprendre, une partie de ses trésors qui étaient trop considérables pour qu'il pût les emporter tout entiers dans sa fuite. C'est pour ça, le rusé coquin... Ma foi, tant pis pour la parenté, je dis ce que je pense.... que dans la nuit même où il prit sa volée, il plaça sur le pont le menaçant écriteau qui est cause que depuis vingt ans personne n'a osé y passer.

SERPOLET.

Et que personne, j'en ai bien peur, n'osera jamais y passer.

VERDURETTE.

Allons donc! (*A part.*) Est-ce qu'il se défierait?...

SERPOLET.

Mais de qui tiens-tu ces détails?

VERDURETTE.

Ça va bien t'étonner, mais... de lui-même.

SERPOLET.

As-tu fini?... regarde-moi sans rire.

VERDURETTE.

Je dis de lui-même et je le prouve... (*Tirant un papier de sa poche et le présentant à Serpolet.*) Lis.

SERPOLET.

Farceur... tu sais bien que je n'ai jamais su lire.

VERDURETTE.

Eh bien ! alors, écoutez, Monsieur l'incrédule, et ne doutez plus. (*A part.*) Du toupet, morbleu ! du toupet. (*Lisant.*) Tampico de Tamaulipas...

SERPOLET, *l'interrompant.*

Qu'est-ce que c'est que ce baragouin ?

VERDURETTE.

Une ville du Mexique, dans le nouveau monde... un très-beau port...

SERPOLET.

Connais pas.

VEDURETTE, *continuant.*

Ce mardi 8 juin, jour de la Saint-Médard... Connais-tu saint Médard ?

SERPOLET.

Ah ! celui-là... poursuis.

VERDURETTE.

A M. Nicodème Verdurette, domicilié au village de Belle-Avoine, canton de Choux-Frisé...

SERPOLET.

Passe... passe.

VERDURETTE.

Mon cher neveu... (*A part.*) si je sais par où commencer je veux que le loup...

SERPOLET.

Mais va donc.

VERDURETTE.

Mon cher neveu, près de comparaître devant le redoutable tribunal de Dieu qui nous juge tous, grands et petits, riches et pauvres, et à qui je demande humblement pardon de toutes mes fautes, de tous les crimes qui ont souillé ma jeunesse...

SERPOLET.

Décidément c'était un scélérat, mais il se repent, et la miséricorde de Dieu est si grande...

VERDURETTE, *à part.*

J'y perdrai mon latin, c'est sûr...

SERPOLET.

Eh bien ?

VERDURETTE.

Je me rappelle que tu es le seul parent que m'ait laissé la mort dont je sens le souffle glacé sur mon visage. (*S'interrompant et s'essuyant les mains, avec une douleur feinte.*) C'est drôle... je me sens tout attendri, et toi, Serpolet ?

SERPOLET.

Continue.

VERDURETTE, *à part.*

Ouf ! le bourreau ! (*Haut.*) Et je te lègue toute ma fortune, te recommandant de l'employer en bonnes œuvres, etc., etc., etc. Hein ! qu'en dis-tu ? douteras-tu encore ?

SERPOLET.

Mais le pont, le pont ?

VERDURETTE, *à part.*

Le feu du ciel te brûle ! (*Haut.*) Nous y voilà. (*Lisant très-vite.*)

C'est moi qui ai fait construire le pont... C'est moi et non le diable, qui y ai placé l'écriteau que tu as vu sans doute, etc., etc. De l'autre côté du pont est une grosse pierre noire qui masque un grand trou... un cyprès l'ombrage... Sous cette pierre il y a de l'or, de l'or à remuer à la pelle...

SERPOLET, *ouvrant de grands yeux.*

De l'or à remuer à la pelle!

VERDURETTE.

Ça y est en toutes lettres... Tiens, regarde plutôt... (*Il lui tend la lettre.*)

SERPOLET, *lui repoussant la main.*

Mais je t'ai déjà dit... Et qui t'a remis cet écrit?

VERDURETTE.

Un beau monsieur qui a passé ce matin dans le village et qui m'a donné en même temps comme à-compte cette bourse pleine d'or. (*Il lui montre une bourse.*)

SERPOLET, *après l'avoir examinée.*

Tu m'en diras tant... (*Réfléchissant un moment et comme frappé d'une idée subite.*) Mais alors que n'as-tu déjà traversé le pont, puisqu'il n'y a aucun danger?

VERDURETTE, *à part.*

Je ne m'attendais pas à cette botte-là... Comment la parer! (*Haut.*) Je ne te l'ai pas dit?

SERPOLET.

Non, et plus j'y pense...

VERDURETTE.

Et plus tu t'étonnes... rien n'est plus simple cependant... c'est que... c'est que... (*A part.*) Que lui répondre? (*Rouvrant la lettre et la parcourant de l'œil et du doigt comme s'il cherchait quelque chose.*) Ah! paragraphe IV...

SERPOLET.

Lis!

VERDURETTE, *lisant.*

Comme l'or que j'ai caché sous la pierre noire, de l'autre côté du pont, n'a pas été, je rougis de le dire, acquis par des moyens légitimes, j'exige expressément, afin de le purifier autant que possible de sa souillure originelle, que les mains qui y toucheront les premières soient celles du plus honnête homme du village, et je désigne à cette fin, s'il vit encore... (*Il referme la lettre.*)

SERPOLET.

Qui?

VERDURETTE.

Voilà ce que c'est que d'être modeste.... Et toi, ventre-de-biche! toi, Séraphin-Pantalon-Pancrace Serpolet.

SERPOLET, *vivement.*

Moi!

VERDURETTE.

Je te conseille, corbleu! de te plaindre. Cette clause du testament te fait possesseur de la moitié d'un trésor qui ferait envie à un empereur.

SERPOLET.

La moitié du trésor à moi!... si c'était vrai?... (*Réfléchissant et se parlant à lui-même*) Je pourrai demain payer M. de Rocabel; je pourrai m'acheter une vache... quelques moutons... quelques poules... quelques dindons et quelques oies... et de plus une belle robe neuve pour ma Dorothée et de beaux habits pour mon Petit-Pierre... Ah! ce serait à devenir fou de bonheur.

VERDURETTE, *à part.*

Qu'est-ce qu'il marmotte donc là entre ses dents? (*Haut.*) Eh bien ! qu'attends-tu donc là pour te mettre en route?

SERPOLET, *distrait.*

Moi... rien... je cours. (*Il fait quelques pas, puis s'arrêtant.*) Et si tout ce que tu m'as conté là était...

VERDURETTE.

Une fable, veux-tu dire?

SERPOLET.

Oh ! ce serait bien horrible...

VERDURETTE.

Et tu pourrais ajouter bien bête, car quel intérêt puis-je avoir?...

SERPOLET.

A ma mort?... aucun... je ne t'ai jamais fait de mal que je sache...

VERDURETTE.

Bien au contraire, tu m'as souvent donné du pain quand je n'en avais pas, à boire quand j'avais soif....

SERPOLET.

Allons! allons! je n'hésite plus... Embrasse-moi, mon bon Verdurette. (*Ils s'embrassent.*) Et maintenant, à la grâce de Dieu. (*Il se dirige vivement vers le pont.*)

VERDURETTE, *le regardant et se frottant les mains.*

Victoire ! (*Chantant à voix basse.*)

Non, non, vous n'aurez pas mon âme,
Ne vous déplaise, Monseigneur;
A moi sa ferme! à moi sa femme !
En un jour, c'est trop de bonheur.

(*Regardant.*) Le voilà qui met le pied sur le pont... gare la culbute ! mais, il s'arrête... il recule... Ah ! s'il n'allait plus vouloir !... (*Criant.*) Serpolet ! Serpolet ! comment, tu es encore là ?... mais va donc !... (*Serpolet est tombé à genoux à l'entrée du pont.*) Bon ! le voilà qui dit ses patenôtres, à présent... L'imbécile !... je ne sais pourquoi, mais... je tremble...

SERPOLET, *se levant vivement.*

Pour ma Dorothée ! pour mon Petit-Pierre !.. (*Il s'élance sur le pont qu'il traverse en courant; au-dessus de sa tête apparaît, invisible pour Verdurette, un bel ange les ailes déployées; — c'est son ange gardien.*)

SCÈNE II.

VERDURETTE, *seul, qui l'a vu disparaître de l'autre côté du pont.*

Passé !... il a passé... Et le pont qui ne s'est pas écroulé... (*Criant et s'arrachant les cheveux.*) Au voleur !... à l'assassin !... Mon trésor... je ne vois plus... je n'entends plus... Ah ! ma tête... ma pauvre tête... Et le diable qui va venir me demander mon âme ! ah ! (*Il se roule par terre avec rage ; se relevant comme un fou.*) O fureur ! ô désespoir ! échouer si près du rivage ! Non, non, s'il faut que je meure, je ne mourrai pas du moins sans vengeance. (*Il tire un long couteau de sa poche et s'élance en courant vers le pont.*) Pas de pitié ! je saurai bien lui arracher l'âme du corps. (*Il saute sur le pont qui s'écroule par le milieu quand il passe ; avec un cri terrible.*) Ah ! (*il tombe dans le torrent.*)

SCÈNE III.

SERPOLET, *puis* VERDURETTE.

SERPOLET, *apparaissant à l'extrémité du pont et chantant.*

Les canards l'ont bien passé,
Tire-lire-lire, tire-lire-lire,
Les canards l'ont bien passé...

(*Appelant.*) Ohé! Verdurette... Impossible de soulever tout seul la pierre noire... arrive donc pour me donner un coup de main... Ah ça!... (*Regardant.*) Mais où donc est-il?... Evanoui comme un songe... (*Appelant de nouveau.*) Verdurette... Verdurette!... Répondras-tu, à la fin?...

VERDURETTE, *dans le torrent, d'une voix mourante.*

Serpolet... Serpolet!...

SERPOLET.

Ah!... cette voix...

VERDURETTE.

Au secours! au secours!...

SERPOLET.

Voilà! voilà... (*Il s'élance sur le pont et s'arrête tout à coup; avec un cri de surprise et d'effroi.*) Ah! le pont écroulé!...

VERDURETTE.

Serpolet... au nom du ciel!...

SERPOLET, *se penchant sur le torrent et regardant.*

Verdurette qui boit un coup ! Tiens bon, l'ami, tiens bon... courage ! (*Il se précipite dans le torrent et reparaît bientôt après sur la scène, tenant Verdurette évanoui dans ses bras.*) Ouf ! ouf !... il était temps. (*Il le pose à terre, le dos appuyé contre un rocher, et s'efforce de ranimer ses sens.*) Ce n'est rien... ce n'est rien... C'est vrai que tu n'aimes pas l'eau, mais... allons ! un effort... sabre de bois ! regarde-moi... parle-moi... embrasse-moi.

VERDURETTE, *entr'ouvrant les yeux.*

Qui m'appelle ? (*Apercevant Serpolet, tout ruisselant de l'eau du torrent et le visage barbouillé de fange, et reculant avec un cri de terreur.*) Ah ! le diable ! le diable !...

SERPOLET, *à part.*

Bon ! voilà sa tête qui déménage à présent. (*Se penchant vers lui.*) Mais c'est moi... Serpolet... ton voisin... ton ami.

VERDURETTE.

Va-t-en, va-t-en.

SERPOLET.

Plus souvent, que je te laisserai crever là sans secours, comme un chien enragé.

VERDURETTE.

T'en iras-tu, quand je te le dis ?

SERPOLET, *à part.*

Décidément c'est son idée fixe. (*Haut et se rapprochant de Verdurette.*) Voyons, Verdurette, reconnais-moi.

VERDURETTE.

Va-t-en, va-t-en, va-t-en... il n'est pas encore minuit.

SERPOLET.

Que veut-il dire avec son minuit?...

VERDURETTE, *se roulant par terre.*

Ah! que je souffre! que je souffre! pitié... pitié... (*On entend sonner minuit à l'horloge du village. Avec un cri déchirant.*) Ah! (*Il tombe à la renverse et ne bouge plus.*)

SERPOLET, *se jetant sur son corps.*

Mort!...

LE DIABLE, *montrant derrière un des piliers du pont sa tête cornue et ses yeux de flamme.*

Minuit! à moi son âme....

SERPOLET, *se retournant vivement.*

Qu'ai-je entendu? (*Apercevant la tête du prince des ténèbres; avec une exclamation de terreur.*) Lui!... (*Il s'enfuit en courant.*)

QUATRIÈME TABLEAU.

La ferme de Serpolet.

MADAME SERPOLET, LE BARON DE ROCABEL, GUSTAVE DE ROCABEL, STÉPHANIE DE ROCABEL, PETIT-PIERRE.

MADAME SERPOLET.

Et mon Serpolet qui ne revient pas ! mon Dieu ! s'il lui était arrivé malheur !...

LE BARON DE ROCABEL.

Tranquillisez-vous, ma chère dame...

SERPOLET, *poussant tout à coup la porte avec violence et entrant dans le plus grand désordre.*

Ah !... sauvé ! sauvé... merci, mon Dieu !.. (*Il se laisse tomber sur une chaise.*)

MADAME SERPOLET, *s'élançant vers lui.*

Que dis-tu ?.. que t'est-il arrivé... (*Le regardant et le touchant.*) Mais comme te voilà fait !... d'où sors-tu donc ?...

SERPOLET.

Du torrent.

MADAME SERPOLET.

Tu es tombé dans le torrent?

SERPOLET.

Je m'y suis jeté pour sauver ce pauvre Verdurette.

LE BARON DE ROCABEL.

Verdurette!

SERPOLET.

Et ce n'était guère la peine, car...

TOUS.

Car?...

SERPOLET.

J'ai vu, de mes yeux vu, ce qui s'appelle vu...

TOUS.

Quoi donc?

SERPOLET.

Oh! je n'en dormirai pas d'un mois, c'est sûr...

MADAME SERPOLET.

Mais qu'as-tu donc vu, enfin?

SERPOLET.

Le diable.

TOUS.

Le diable!

SERPOLET.

En personne... je suffoque... à boire... la voix me manque.. (*Petit-Pierre court lui chercher un verre d'eau.*)

GUSTAVE DE ROCABEL, *au baron.*

Le malheureux!... serait-il devenu fou?

MADAME SERPOLET, *après lui avoir donné à boire, l'embrassant.*

Eh bien?

SERPOLET.

Venir... quand minuit a sonné, lui réclamer son âme que sans doute il lui avait vendue... (*Mouvement d'horreur et d'effroi général.*)

LE BARON DE ROCABEL.

Et Verdurette est mort?

SERPOLET.

Éteint comme une chandelle qu'on souffle... au dernier coup de minuit.

LE BARON DE ROCABEL.

Bon débarras pour le village!... C'était un fainéant, un ivrogne, un joueur, un vaurien au grand complet.

SERPOLET.

Qui, pour me perdre, m'avait fait je ne sais quel conte...

LE BARON DE ROCABEL.

C'est comme à moi.

GUSTAVE DE ROCABEL.

Touchante oraison funèbre! (*S'approchant de Serpolet.*) Regarde-moi bien... me remets-tu, mon brave.

SERPOLET, *le regardant.*

Ah! oui... tantôt... le loup...

GUSTAVE DE ROCABEL.

Ta main. (*Ils se serrent la main.*)

MADAME SERPOLET.

A mon tour de t'apprendre une grande nouvelle... nous sommes riches.

SERPOLET, *étonné.*

Riches?

MADAME SERPOLET.

A nous cette maison et les terres qui en dépendent... à nous demain un beau troupeau... N'est-il pas vrai, monsieur le baron?...

LE BARON DE ROCABEL, *à Serpolet.*

Et de plus, à toi mon amitié pour toute la vie.

GUSTAVE DE ROCABEL.

Et ma reconnaissance jusqu'à mon dernier jour.

SERPOLET.

Tant de générosité... tant de bonheur...

LE BARON DE ROCABEL.

Cela te prouve que, comme dit le proverbe, un bienfait n'est jamais perdu.

GUSTAVE DE ROCABEL.

Et que la vertu trouve tôt ou tard ici-bas sa récompense.

PETIT-PIERRE.

Vive la joie! et dansons.

STÉPHANIE DE BOCABEL, *prenant la main de Petit-Pierre.*

Oui, dansons pour finir un si beau jour. (*Ronde générale.*)

LE RIDEAU TOMBE.

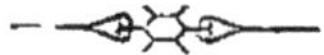

Camille sortit enchanté du théâtre de M. Guignol, et se promit bien, le charmant enfant, d'être toute la semaine bien sage, bien docile, bien studieux, pour que son papa lui procurât la satisfaction de faire honneur, le dimanche suivant, à l'aimable invitation adressée par messire Polichinelle à son jeune auditoire. Dans son impatience de raconter à qui voudrait l'écouter la pièce qu'il venait de voir avec tant de plaisir, il traversa d'un pied léger les Champs-Élysées, sans même se laisser tenter par l'appât des gâteaux que lui offrit son père qui, charmé de son babil enfantin et heureux de son innocente joie, se sentait disposé à aller au-devant de tous ses désirs. Quand il rentra dans le salon de madame Delmas, Georges quitta les genoux de sa mère pour s'élancer vers lui. Son visage n'était plus triste, les larmes avaient disparu de ses yeux bleux; il était revêtu de ses beaux habits du dimanche, et dans tous ses traits on lisait le contentement que donnent toujours, à l'enfant comme à l'homme, les bonnes résolutions.

— Tu ne sais pas, Camille, lui dit-il en sautant de bonheur, j'ai bien su mes leçons, j'ai bien fait mes devoirs, et ma bonne petite maman m'a pardonné et m'a promis que j'irais, moi aussi, voir Guignol dimanche prochain, si elle était contente de moi.

— Ah ! c'est-il joli, c'est-il beau ! répondit Camille qui courut, tout joyeux, embrasser sa tante.

— Tu t'es donc bien amusé, mon mignon, repartit madame Delmas.

— Comme un roi, comme un Dieu... et si Georges veut, je vais lui conter...

— Tais-toi, tais-toi... j'aime bien mieux voir moi-même...

— Madame est servie, dit un domestique qui entr'ouvrit la porte.

— Allons dîner, mes chéris, dit madame Delmas en les embrassant et en les prenant par la main, et soyez à l'avenir bien sages pour être aussi heureux que vous êtes aimés.

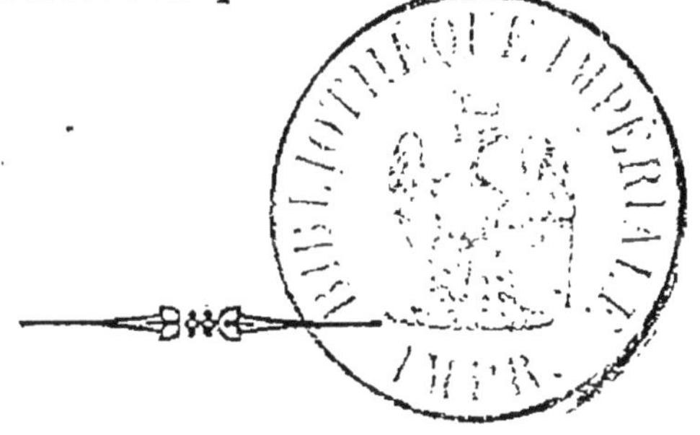

www.ingramcontent.com/pod-product-compliance
Ingram Content Group UK Ltd.
Pitfield, Milton Keynes, MK11 3LW, UK
UKHW021143230726
13926UKWH00002B/898

9 782016 128503